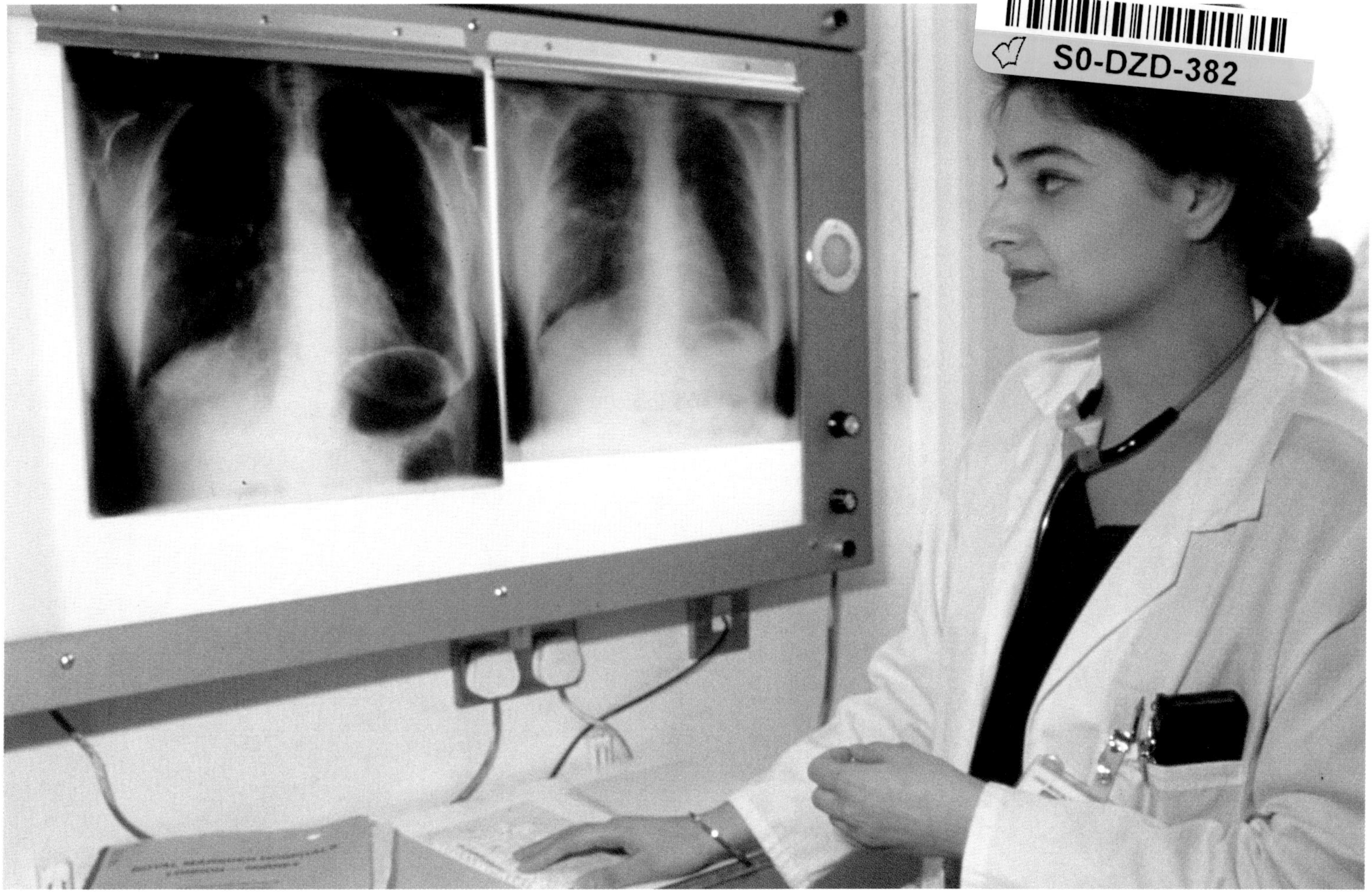

x-ray

THIS SIDE UP
29200-00153
:SN892000A011·125
12/12 OZ.
12/12 OZ.
29200-00153
:SN892000A011·125
Z371B 14
100 29200 00153 9

box

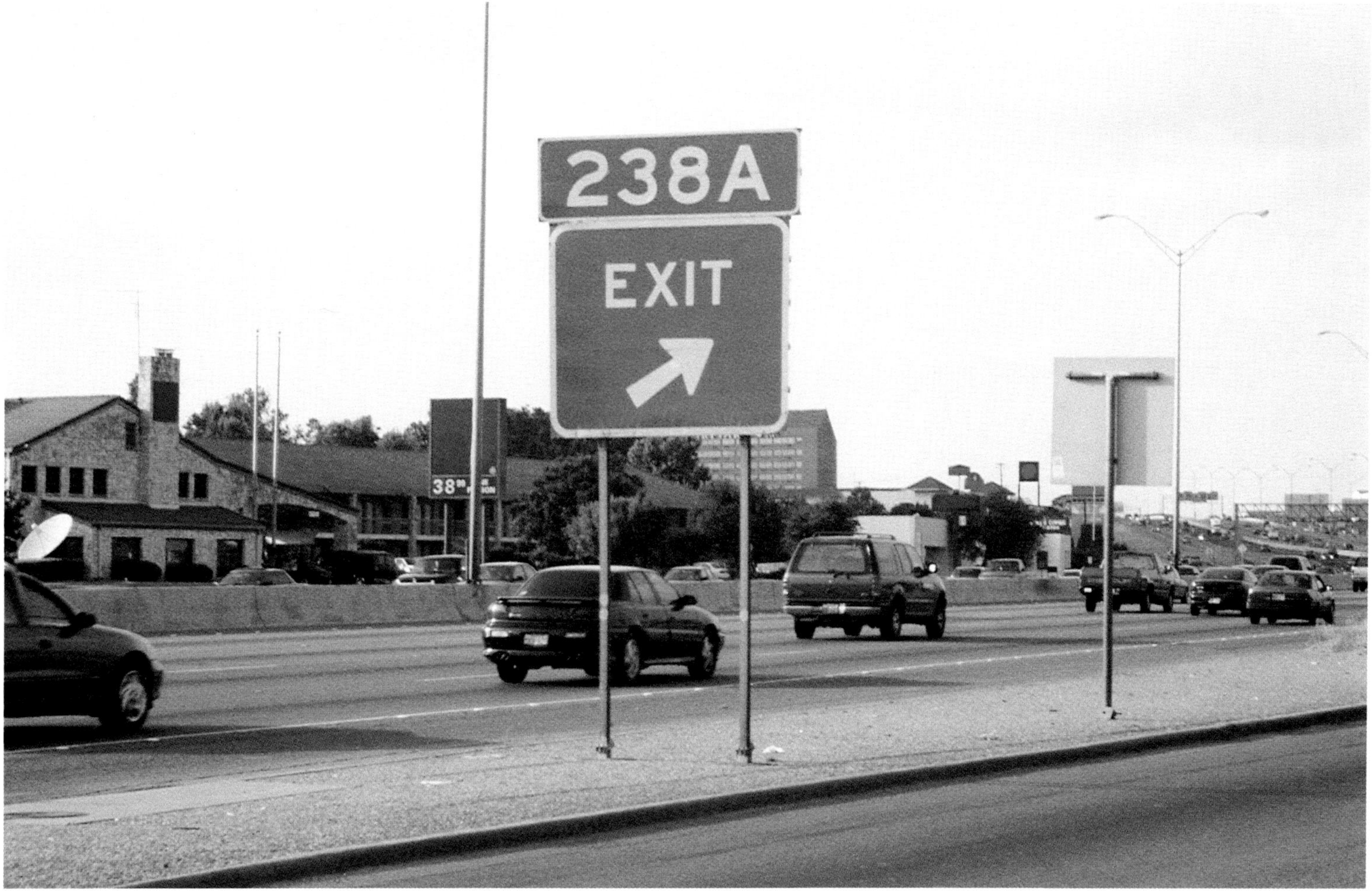

exit

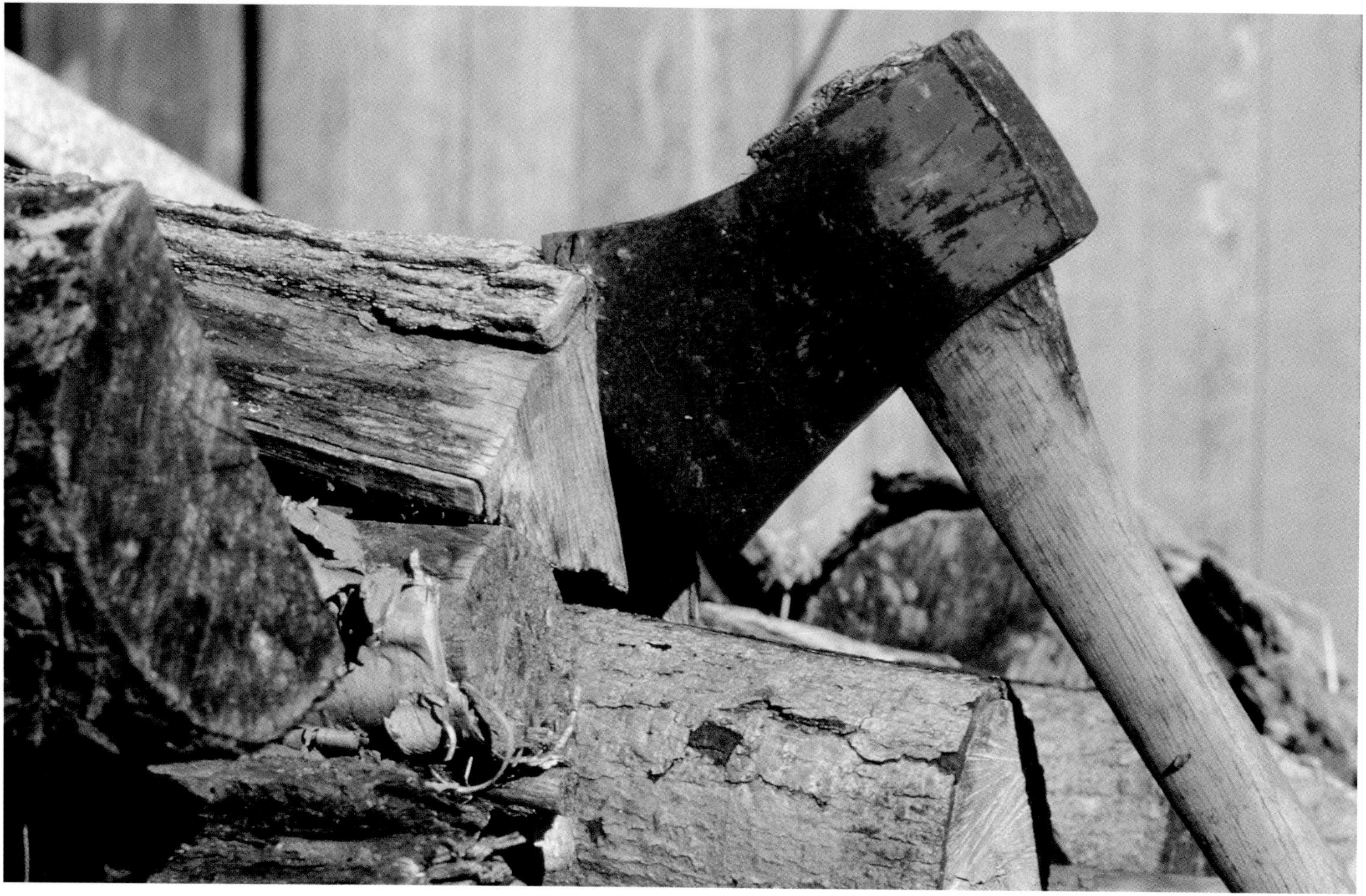

ax

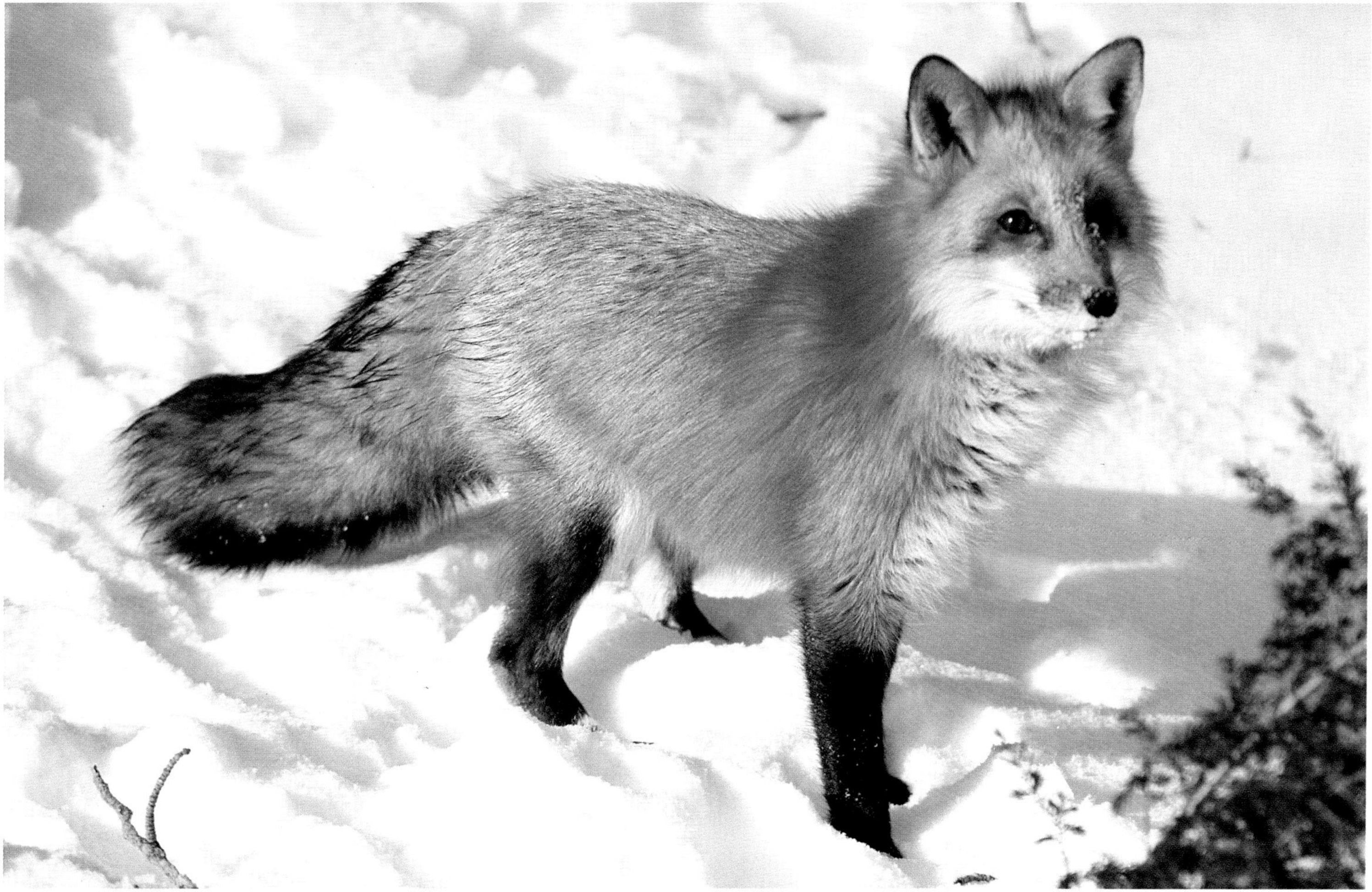

fox

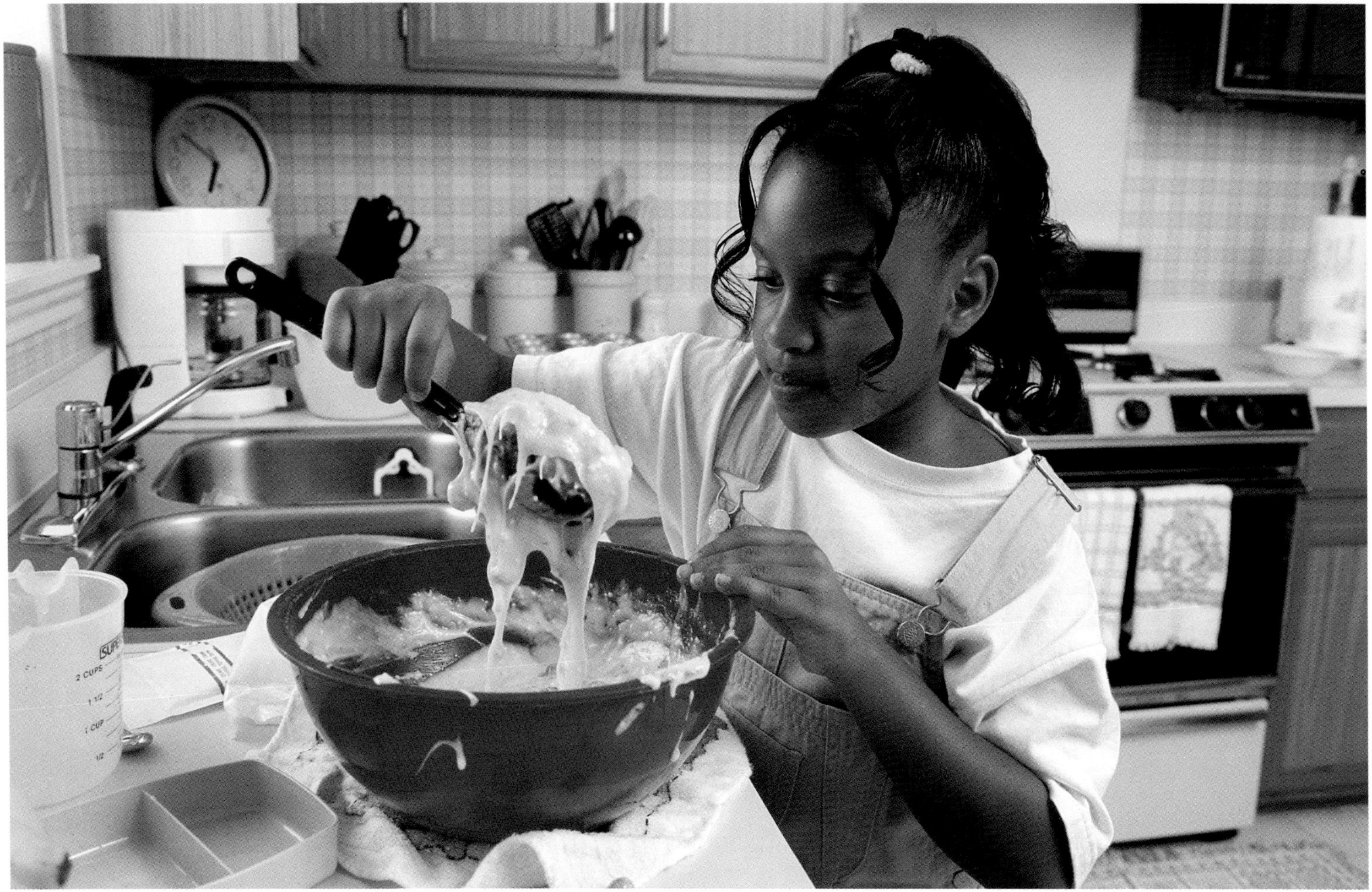

mix

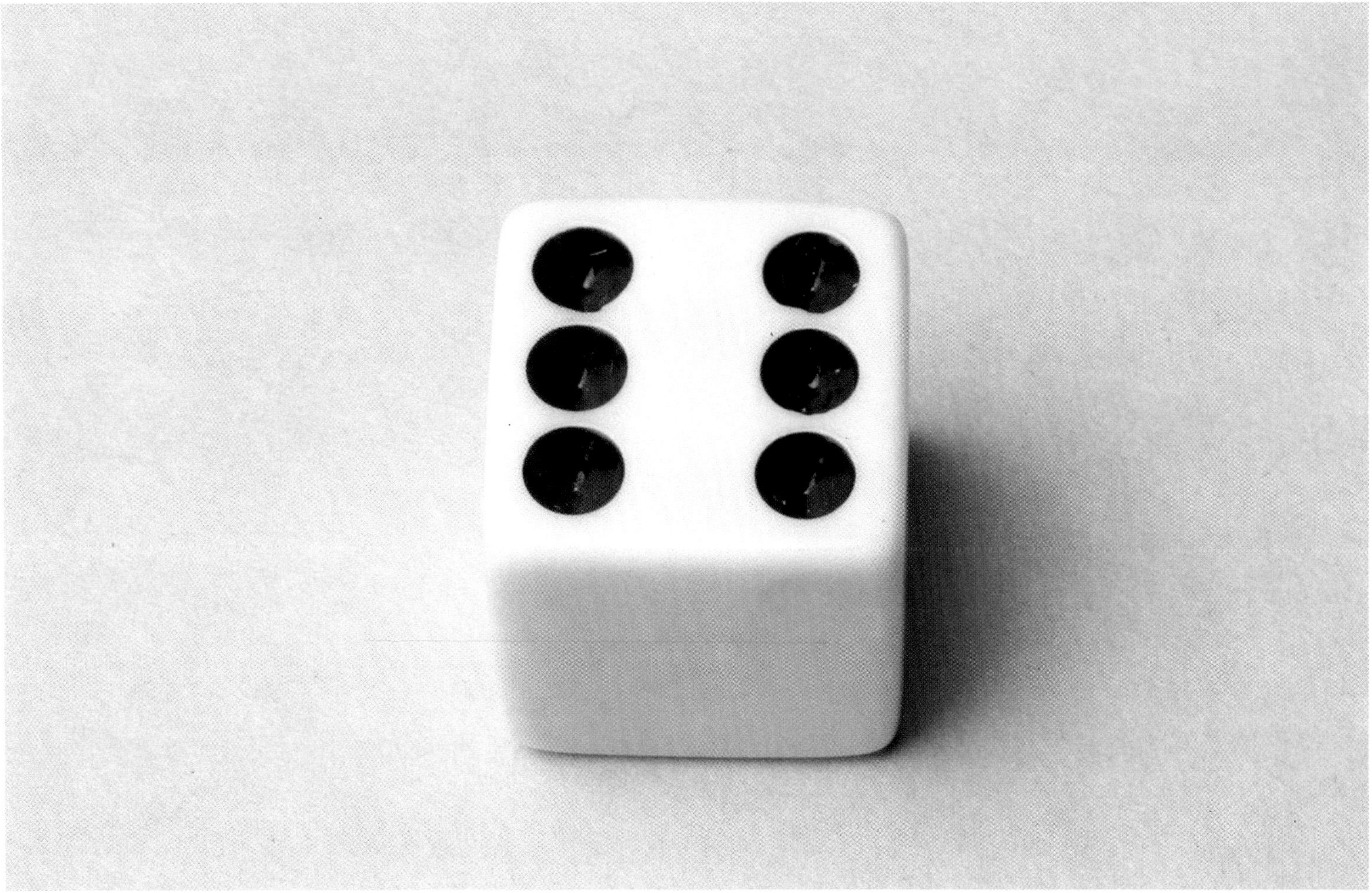

six

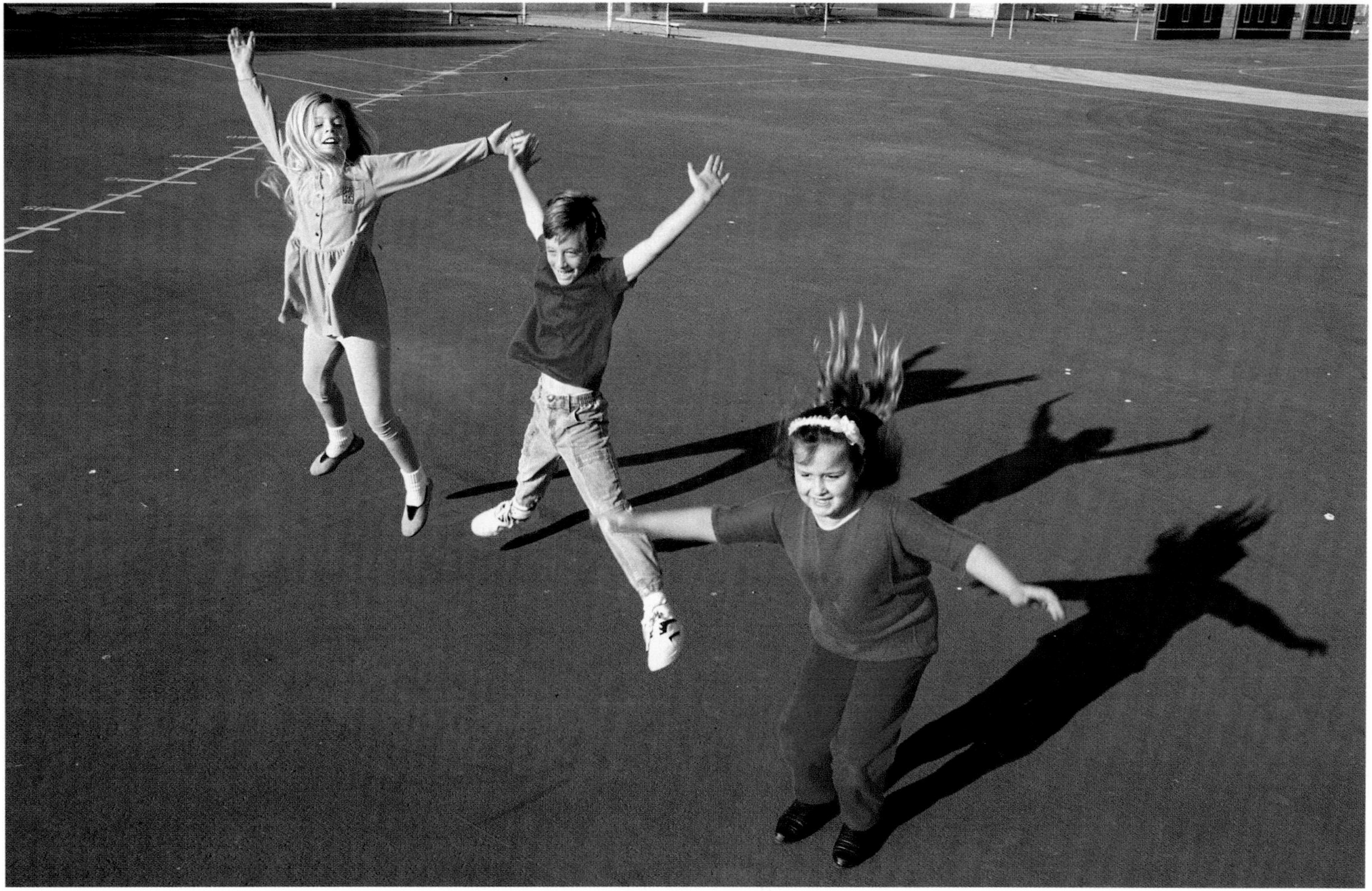

exercise